Portion hebdomadaire de la Torah:

Cahier d'activités

Portion hebdomadaire de la Torah: Cahier d'activités

Tous droits réservés. En achetant ce cahier d'activités, l'acheteur est autorisé à copier les feuilles d'activités, exclusivement pour un usage personnel ou scolaire, en aucun cas pour la revente commerciale. À l'exception de ce qui précède, ce cahier d'activités ne peut être reproduit en tout ou en partie, de quelque manière que ce soit, sans l'autorisation écrite de l'éditeur.

Bible Pathway Adventures® est une marque commerciale de BPA Publishing Ltd.

ISBN: 978-1-98-858565-9

Auteure : Pip Reid

Directeur de création : Curtis Reid

Pour découvrir nos ressources gratuites sur la Bible et nos kits de l'enseignant qui incluent des pages à colorier, des feuilles de travail, des jeux-questionnaires et plus encore, visitez notre site web :

www.biblepathwayadventures.com

◆◇ Introduction ◇◆

Amusez-vous avec vos enfants à leur enseigner la Torah grâce à notre cahier d'activités hebdomadaires des sections de la Torah. Vous y trouverez 54 feuilles d'activités imprimables (plus un corrigé), cinq guides d'études et d'explications de la Torah hebdomadaire et une page d'activité « Mes notes Parasha » pour que les élèves écrivent ce qu'ils ont appris. C'est l'ouvrage parfait pour les étudiants à domicile, les enseignants des écoles du sabbat et du dimanche, et les parents.

Ces feuilles hebdomadaires de travail des sections de la Torah incluent des références manuscrites pour une lecture approfondie de la Torah et un corrigé au verso, pour les parents et les enseignants. Ces derniers n'auront ainsi que peu de préparation puisqu'il leur suffira d'imprimer les feuilles d'activités de leur choix et… de commencer !

Bible Pathway Adventures aide les enseignants et les parents à inculquer aux enfants une foi biblique de manière ludique et créative, grâce à nos cahiers d'histoires illustrées, à nos kits de l'enseignant et à nos activités imprimables, tous téléchargeables sur notre site web : www.biblepathwayadventures.com

La recherche de la Vérité est plus sage que les traditions !

◇ Table des matières ◇

Introduction 3

Béréchit 6
Noa'h 7
Lekh Lekha 8
Vayéra 9
Hayé Sarah 10
Tolodot 11
Vayetsé 12
Vayichla'h 13
Vayéchev 14
Mikets 15
Vayigach 16
Vayé'hi 17
Chémot 18
Vaéra 19
Bo 20
Béchala'h 21
Yitro 22
Michpatim 23
Térouma 24
Tetsavé 25
Ki Tissa 26
Vayakhel 27
Pekoudei 28
Vayikra 29
Tsav 30
Chemini 31
Tazria 32
Metsora 33
A'harei 34
Kedochim 35
Emor 36

Behar	37
Be'houkotaï	38
Bamidbar	39
Nasso	40
Béhaalotekha	41
Chela'h	42
Kora'h	43
Houkat	44
Balak	45
Pinhas	46
Matot	47
Massei	48
Devarim	49
Vaet'hanane	50
Eikev	51
Réeh	52
Choftim	53
Ki Tetsé	54
Ki Tavo	55
Nitsavim	56
Vayelekh	57
Haazinou	58
Vézot Habérakha	59
Guide d'étude hebdomadaire de la Torah Béréchit/Genèse	60
Guide d'étude hebdomadaire de la Torah Chémot/Exode	61
Guide d'étude hebdomadaire de la Torah Vayikra/Lévitique	62
Guide d'étude hebdomadaire de la Torah Bamidbar/Nombres	63
Guide d'étude hebdomadaire de la Torah Devarim/Deutéronome	64
Corrigé	65
Découvrez d'autres cahiers d'activités !	69

Béréchit

Lis Genèse 1:1-6:8. Rédige un résumé de cette partie de la Torah.

....

....

....

1. Quel jour Yah a-t-il créé l'homme ?
....
....

2. Qui a nommé tous les animaux ?
....
....

3. Quel âge avait Adam quand il mourut ?
....
....

Dessine ta scène préférée à partir de cette partie de la Torah.

Yah a demandé à Adam & Ève de...	Cette partie de la Torah m'enseigne...
....	....

Noa'h

Lis Genèse 6:9-11:32. Rédige un résumé de cette partie de la Torah.

....

....

....

1. Combien de paires de chaque animal « pur » se trouvaient sur l'arche ?

....

....

2. Quel était le signe d'une alliance entre Yah et Noah ?

....

....

3. Jusqu'à quelle hauteur le peuple voulait-il construire la tour de Babel ?

....

....

Dessine ta scène préférée à partir de cette partie de la Torah.

Yah a demandé à Noah de...

....

....

Cette partie de la Torah m'enseigne...

....

....

Lekh Lekha

Lis Genèse 12:1-17:27. Rédige un résumé de cette partie de la Torah.

....

....

....

1. Pourquoi Yah a-t-il envoyé des fléaux sur la maison de Pharaon ?

....

....

2. Qu'a fait Abram après que Lot a été fait prisonnier ?

....

....

3. Qu'est-ce que Yah a promis à Abraham et Sarah ?

....

....

Dessine ta scène préférée à partir de cette partie de la Torah.

Yah a demandé à Abraham de…	Cette partie de la Torah m'enseigne…

www.biblepathwayadventures.com

Portion hebdomadaire de la Torah: Cahier d'activités

© BPA Publishing Ltd 2020

Vayéra

Lis Genèse 18:1-22:24. Rédige un résumé de cette partie de la Torah.

....
....
....
....

1. Qui était la femme d'Abraham ?
....
....

2. Qu'est-ce qui a plu sur Sodome et Gomorrhe ?
....
....

3. Pourquoi Abraham a-t-il emmené son fils au mont Moriah ?
....
....

Dessine ta scène préférée à partir de cette partie de la Torah.

Que puis-je apprendre de la vie d'Abraham ?

....
....

Cette partie de la Torah m'enseigne...

....
....

Hayé Sarah

Lis Genèse 23:1-25:18. Rédige un résumé de cette partie de la Torah.

....

....

....

1. Où Abraham a-t-il enterré Sarah ?

....

....

2. Quels cadeaux le serviteur a-t-il donnés à Rebecca ?

....

....

3. Qui Rebecca épousa-t-elle quand elle arriva dans le Négueb ?

....

....

Dessine ta scène préférée à partir de cette partie de la Torah.

Yah a demandé au serviteur de…	Cette partie de la Torah m'enseigne…

Tolodot

Lis Genèse 25:19-28:9. Rédige un résumé de cette partie de la Torah.

....

....

....

1. Qui étaient les fils jumeaux d'Isaac et de Rebecca ?

....

....

2. Pourquoi les Philistins enviaient-ils Isaac ?

....

....

3. Pourquoi Jacob s'est-il enfui à Paddan-Aram et a-t-il vécu avec Laban ?

....

....

Dessine ta scène préférée à partir de cette partie de la Torah.

Yah a demandé à Isaac de...	Cette partie de la Torah m'enseigne...
....	....
....	....

Vayetsé

Lis Genèse 28:10-32:3. Rédige un résumé de cette partie de la Torah.

....

....

....

1. Qui était sur l'échelle dans le rêve de Jacob ?

....

....

2. Combien d'années Jacob a-t-il travaillé pour Rachel ?

....

....

3. Où Rachel cachait-elle les idoles de son père ?

....

....

Dessine ta scène préférée à partir de cette partie de la Torah.

Yah a demandé à Jacob de...	Cette partie de la Torah m'enseigne...
....	....
....	....

Vayichla'h

Lis Genèse 32:4-36:43. Rédige un résumé de cette partie de la Torah.

....

....

....

1. Combien d'hommes Ésaü a-t-il amenés avec lui pour voir Jacob ?

....

....

2. Pourquoi Yah a-t-il changé le nom de Jacob en Israël ?

....

....

3. Pourquoi Ésaü a-t-il déplacé sa famille sur les collines de Séir ?

....

....

Dessine ta scène préférée à partir de cette partie de la Torah.

Énumère les cadeaux que Jacob a préparés pour Ésaü.

....

....

Cette partie de la Torah m'enseigne…

....

....

Vayéchev

Lis Genèse 37:1-40:24. Rédige un résumé de cette partie de la Torah.

....

....

....

1. Qui était le maître de Joseph en Égypte ?

....

....

2. En prison, de qui Joseph comprit-il les rêves ?

....

....

3. Qui était le roi d'Égypte ?

....

....

Dessine ta scène préférée à partir de cette partie de la Torah.

Yah a demandé à Pharaon de...	Cette partie de la Torah m'enseigne...

Mikets

Lis Genèse 41:1-44:17. Rédige un résumé de cette partie de la Torah.

....
....
....

1. Quel nouveau travail Pharaon donna-t-il à Joseph ?

....
....

2. Pourquoi Jacob a-t-il envoyé ses fils en Égypte ?

....
....

3. Qu'est-ce que Joseph a dit à son serviteur de cacher dans le sac de Benjamin ?

....
....

Dessine ta scène préférée à partir de cette partie de la Torah.

Énumère trois pays limitrophes de l'Égypte actuelle.

Cette partie de la Torah m'enseigne…

Vayigach

Lis Genèse 44:18-47:27. Rédige un résumé de cette partie de la Torah.

....

....

....

1. Qu'est-ce que Pharaon a dit qu'il donnerait aux frères de Joseph ?

....

....

2. Sur quelle terre la famille de Joseph s'est-elle installée ?

....

....

3. Qu'est-ce que Joseph a donné aux Égyptiens en échange de leur bétail ?

....

....

Dessine ta scène préférée à partir de cette partie de la Torah.

Yah a demandé à Joseph de...	Cette partie de la Torah m'enseigne...

Vayé'hi

Lis Genèse 47:28-50:26. Rédige un résumé de cette partie de la Torah.

....

....

....

1. Qui était le fils aîné de Joseph ?

....

....

2. Quelle tribu d'Israël sera comme des ânes forts ?

....

....

3. Combien de jours les Égyptiens ont-ils pleuré Jacob ?

....

....

Dessine ta scène préférée à partir de cette partie de la Torah.

Dresse la liste des douze tribus d'Israël.

Cette partie de la Torah m'enseigne...

Chémot

Lis Exode 1:1-6:1. Rédige un résumé de cette partie de la Torah.

....

....

....

1. Quelles instructions Pharaon donna-t-il aux sages-femmes hébraïques ?
....
....

2. Vers quelle terre Moïse s'est-il enfui ?
....
....

3. Qu'a fait Pharaon quand Moïse a demandé à libérer les Hébreux ?
....
....

Dessine ta scène préférée à partir de cette partie de la Torah.

Yah a demandé aux sages-femmes de…	Cette partie de la Torah m'enseigne…
....	....
....	....

Vaéra

Lis Exode 6:2-9:35. Rédige un résumé de cette partie de la Torah.

....

....

....

1. Avec qui Yah a-t-il établi son alliance ?

....

....

2. Quel bétail est mort dans le cinquième fléau ?

....

....

3. Dans quelle partie de l'Égypte les grêlons ne sont-ils pas tombés ?

....

....

Dessine ta scène préférée à partir de cette partie de la Torah.

Yah a utilisé les fléaux pour montrer aux Égyptiens que...	Cette partie de la Torah m'enseigne...

Bo

Lis Exode 10:1-13:16. Rédige un résumé de cette partie de la Torah.

....

....

....

1. En quel mois hébreu est la Pâque ?

....

....

2. Combien de temps Yah a-t-il demandé aux Israélites d'honorer la Pâque ?

....

....

3. Quel était le dixième fléau ?

....

....

Dessine ta scène préférée à partir de cette partie de la Torah.

Yah a demandé aux Égyptiens de…	Cette partie de la Torah m'enseigne…
....	....

Béchala'h

Lis Exode 13:17-17:16. Rédige un résumé de cette partie de la Torah.

....

....

....

1. De qui les Israélites ont-ils emporté les ossements ?

....

....

2. Comment Yah a-t-il séparé la mer Rouge ?

....

....

3. Comment Yah a-t-il donné de l'eau aux Israélites à Rephidim ?

....

....

Dessine ta scène préférée à partir de cette partie de la Torah.

Yah a demandé à Joshua de...	Cette partie de la Torah m'enseigne...

Yitro

Lis Exode 18:1-20:26. Rédige un résumé de cette partie de la Torah.

....

....

....

1. Quel était le lien de parenté entre Jéthro et Moïse ?

....

....

2. Où les Israélites ont-ils reçu les Dix Commandements ?

....

....

3. Quel jour est saint et dédié à Yah ?

....

....

Dessine ta scène préférée à partir de cette partie de la Torah.

Yah a demandé à Jéthro de…	Cette partie de la Torah m'enseigne…

www.biblepathwayadventures.com
Portion hebdomadaire de la Torah: Cahier d'activités

Michpatim

Lis Exode 21:1-24:18. Rédige un résumé de cette partie de la Torah.

....

....

....

1. Que doit-il arriver à la terre tous les sept ans ?

....

....

2. Quel type de pain mange-t-on pendant la fête des Pains sans levain ?

....

....

3. Lors de quelles trois fêtes les hommes doivent-ils apparaître devant Yah ?

....

....

Dessine ta scène préférée à partir de cette partie de la Torah.

Yah nous demande d'honorer le sabbat parce que…

....

....

Cette partie de la Torah m'enseigne…

....

....

Térouma

Lis Exode 25:1-27:19. Rédige un résumé de cette partie de la Torah.

....

....

....

1. Quel type de bois a été utilisé pour fabriquer l'Arche ?

....

....

2. Qu'est-ce que Yah a dit de placer à l'intérieur de l'Arche ?

....

....

3. Quel métal a été utilisé pour faire le propitiatoire ?

....

....

Dessine ta scène préférée à partir de cette partie de la Torah.

Obéir aux commandements de Yah m'aide à…	Cette partie de la Torah m'enseigne…

Tetsavé

Lis Exode 27:20-30:10. Rédige un résumé de cette partie de la Torah.

....

....

....

1. Quels sont les trois hommes que Yah a choisis pour servir comme prêtres ?

....

....

2. Combien de pierres y avait-il sur la cuirasse du Grand Prêtre ?

....

....

3. De quelle couleur était la robe de l'éphod ?

....

....

Dessine ta scène préférée à partir de cette partie de la Torah.

Yah a demandé au Grand Prêtre de...

....

....

Cette partie de la Torah m'enseigne...

....

....

Ki Tissa

Lis Exode 30:11-34:35. Rédige un résumé de cette partie de la Torah.

....

....

....

1. Quel animal Aaron a-t-il créé à partir de l'or ?

   ....

   ....

2. Comment Moïse a-t-il détruit le Veau d'or ?

   ....

   ....

3. Comment Moïse punit-il les Israélites pour avoir adoré le veau ?

   ....

   ....

Dessine ta scène préférée à partir de cette partie de la Torah.

Yah a demandé à Bezaleel et Oholiab de…	Cette partie de la Torah m'enseigne…

Vayakhel

Lis Exode 35:1-38:20. Rédige un résumé de cette partie de la Torah.

....

....

....

1. Quel type d'artisans a été choisi pour réaliser le Tabernacle ?

....

....

2. Combien y a-t-il de branches sur la menorah ?

....

....

3. Quel métal a été utilisé pour fabriquer les piquets de tente ?

....

....

Dessine ta scène préférée à partir de cette partie de la Torah.

Je donne généreusement à Yah par...	Cette partie de la Torah m'enseigne...

Pekoudei

Lis Exode 38:21-40:38. Rédige un résumé de cette partie de la Torah.

....

....

....

1. Combien d'or a été utilisé pour construire le sanctuaire ?

....

....

2. Où Moïse a-t-il mis l'autel des holocaustes ?

....

....

3. Qu'y avait-il sur le Tabernacle le jour et la nuit ?

....

....

Dessine ta scène préférée à partir de cette partie de la Torah.

Comment décrirais-tu le personnage de Bezaleel ?

....

....

Cette partie de la Torah m'enseigne...

....

....

Vayikra

Lis Lévitique 1:1-5:26 (6:7). Rédige un résumé de cette partie de la Torah.

....

....

....

1. Où les Israélites ont-ils apporté leur holocauste ?

....

....

2. Quelles espèces d'oiseaux ont été utilisées comme holocaustes ?

....

....

3. Quel animal a été tué en sacrifice expiatoire pour un prêtre ?

....

....

Dessine ta scène préférée à partir de cette partie de la Torah.

Les prêtres faisaient des offrandes à…	Cette partie de la Torah m'enseigne…
....	....
....	....

Tsav

Lis Lévitique 6:8-8:36. Rédige un résumé de cette partie de la Torah.

....

....

....

1. Qui peut manger le sacrifice expiatoire ?

....

....

2. Où les Israélites ont-ils vu Moïse oindre Aaron et ses fils ?

....

....

3. Qu'est-ce que Moïse a mis dans la poitrine du grand Prêtre ?

....

....

Dessine ta scène préférée à partir de cette partie de la Torah.

Yah a demandé aux prêtres de...	Cette partie de la Torah m'enseigne...

Chemini

Lis Lévitique 9:1-11:47. Rédige un résumé de cette partie de la Torah.

....

....

....

1. Qui étaient les deux fils d'Aaron ?
....
....

2. Qu'est-ce que les fils d'Aaron ont offert devant Yah ?
....
....

3. Comment moururent les fils d'Aaron ?
....
....

Dessine ta scène préférée à partir de cette partie de la Torah.

Il est important d'obéir aux instructions de Yah parce que…

Cette partie de la Torah m'enseigne…

Tazria

Lis Lévitique 12:1-13:59. Rédige un résumé de cette partie de la Torah.

....

....

....

1. Qui examine une personne atteinte de la lèpre ?

....

....

2. Quels vêtements porte un lépreux ?

....

....

3. Où vit un lépreux quand il est impur ?

....

....

Dessine ta scène préférée à partir de cette partie de la Torah.

Un lépreux vit à l'extérieur du camp, donc…	Cette partie de la Torah m'enseigne…
....	....
....	....

Metsora

Lis Lévitique 14:1-15:33. Rédige un résumé de cette partie de la Torah.

....

....

....

1. Que fit un homme purifié avant d'entrer à nouveau dans le camp ?

....

....

2. Où cet homme a-t-il vécu pendant sept jours ?

....

....

3. Qu'est-ce que cet homme a apporté au prêtre le 8ème jour ?

....

....

Dessine ta scène préférée à partir de cette partie de la Torah.

Yah a demandé aux prêtres de…	Cette partie de la Torah m'enseigne…
....	....

A'harei

Lis Lévitique 16:1-18:30. Rédige un résumé de cette partie de la Torah.

....

....

....

1. Qu'est-ce qu'Aaron portait quand il est entré dans le Saint des saints ?

....

....

2. Qu'est-ce qu'Aaron a aspergé devant le propitiatoire ?

....

....

3. Quelles sont les lois que Yah a demandé aux Israélites de ne pas suivre ?

....

....

Dessine ta scène préférée à partir de cette partie de la Torah.

Yah a demandé à Aaron de...	Cette partie de la Torah m'enseigne...
....	....
....	....

Kedochim

Lis Lévitique 19:1-20:27. Rédige un résumé de cette partie de la Torah.

....

....

....

1. Qu'est-ce qu'on ne doit pas faire avec du métal coulé ?

....

....

2. Qu'est-ce qu'on ne doit pas faire à notre corps ?

....

....

3. Qui devons-nous honorer dans Lévitique 19:32 ?

....

....

Dessine ta scène préférée à partir de cette partie de la Torah.

Il est important d'honorer les personnes âgées parce que….	Cette partie de la Torah m'enseigne…
....	....
....	....

Emor

Lis Lévitique 21:1-24:23. Rédige un résumé de cette partie de la Torah.

....

....

....

1. Quelle fête a lieu sept semaines après celle de la Gerbe des Prémices ?

....

....

2. Quel jour a lieu la fête des Trompettes ?

....

....

3. Où vivent les Israélites pendant la fête de Soukkoth ?

....

....

Dessine ta scène préférée à partir de cette partie de la Torah.

Respecter les fêtes de Yah est important parce que…	Cette partie de la Torah m'enseigne…

Behar

Lis Lévitique 25:1-26:2. Rédige un résumé de cette partie de la Torah.

....

....

....

1. Que représente la cinquantième année pour les Israélites ?

....

....

2. Comment devons-nous traiter un frère qui devient pauvre ?

....

....

3. Qui ne doit pas être vendu comme esclave ?

....

....

Dessine ta scène préférée à partir de cette partie de la Torah.

Si nous obéissons aux instructions de Yah, Il promet de…

....

....

Cette partie de la Torah m'enseigne…

....

....

Be'houkotaï

Lis Lévitique 26:3-27:34. Rédige un résumé de cette partie de la Torah.

....

....

....

1. Combien de temps dureront les vendanges ?

....

....

2. Où Yah dispersera-t-il son peuple ?

....

....

3. Quelle est la valeur d'un homme de 20 à 60 ans ?

....

....

Dessine ta scène préférée à partir de cette partie de la Torah.

Si le peuple obéissait aux instructions de Yah, Il leur promettait de…

....

....

Cette partie de la Torah m'enseigne…

....

....

Bamidbar

Lis les Nombres 1:1-4:20. Rédige un résumé de cette partie de la Torah.

....

....

....

1. Quelles instructions Yah a-t-il données à Moïse ?

....

....

2. A qui revenait la tâche de porter l'Arche d'Alliance ?

....

....

3. Qui étaient les quatre fils d'Aaron ?

....

....

Dessine ta scène préférée à partir de cette partie de la Torah.

Yah a demandé aux Lévites de…	Cette partie de la Torah m'enseigne…

Nasso

Lis Nombres 4:21-7:89. Rédige un résumé de cette partie de la Torah.

....
....
....

1. Combien de temps un Nazaréen peut-il ne pas se couper les cheveux ?
....
....

2. Quel don un Nazaréen apporte-t-il à Yah après avoir terminé son vœu ?
....
....

3. Où un Nazaréen peut-il se raser la tête ?
....
....

Dessine ta scène préférée à partir de cette partie de la Torah.

Lis Juges 13:5. Yah a demandé à Samson de...	Cette partie de la Torah m'enseigne...
....	....

Béhaalotekha

Lis Nombres 8:1-12:16. Rédige un résumé de cette partie de la Torah.

....

....

....

1. Combien de lampes éclairent le devant la menorah ?

....
....

2. Combien de temps un Lévite a-t-il servi dans le Tabernacle ?

....
....

3. Pourquoi Yah a-t-il envoyé du feu dans certaines parties du camp ?

....
....

Dessine ta scène préférée à partir de cette partie de la Torah.

Je garde le repas de la Pâque parce que...

....
....

Cette partie de la Torah m'enseigne...

....
....

Chela'h

Lis Nombres 13:1-15:41. Rédige un résumé de cette partie de la Torah.

....

....

....

1. Combien d'hommes sont allés espionner Canaan ?

....

....

2. Qui les espions ont-ils vu dans le Néguev ?

....

....

3. Combien de temps les espions sont-ils restés à Canaan ?

....

....

Dessine ta scène préférée à partir de cette partie de la Torah.

Dresse la liste des personnes de ta famille qui portent des tsitsits.

Cette partie de la Torah m'enseigne…

Kora'h

Lis Nombres 16:1-18:32. Rédige un résumé de cette partie de la Torah.

....

....

....

1. Quelle autorité Koré et les hommes ont-ils contestée ?

....
....

2. Qu'est-il arrivé aux hommes de Korah et à leurs foyers ?

....
....

3. Qu'est-ce qui a tué 14 700 personnes dans le camp ?

....
....

Dessine ta scène préférée à partir de cette partie de la Torah.

Yah a puni Koré et ses hommes parce que...

Cette partie de la Torah m'enseigne...

www.biblepathwayadventures.com
Portion hebdomadaire de la Torah: Cahier d'activités
© BPA Publishing Ltd 2020

Houkat

Lis Nombres 19:1-22:1. Rédige un résumé de cette partie de la Torah.

....

....

....

1. Où est morte Miriam ?
....
....

2. Que s'est-il passé quand Moïse a frappé le rocher deux fois ?
....
....

3. Pourquoi Yah a-t-il envoyé des serpents brûlants parmi les Israélites ?
....
....

Dessine ta scène préférée à partir de cette partie de la Torah.

Yah a demandé à Moïse de…	Cette partie de la Torah m'enseigne…
....	....
....	....

Balak

Lis Nombres 22:2-25:9. Rédige un résumé de cette partie de la Torah.

....

....

....

1. Pourquoi Balak a-t-il demandé à Balaam de venir à Moab ?

....

....

2. Quel animal a parlé à Balaam ?

....

....

3. Combien de fois Balaam a-t-il béni les Israélites ?

....

....

Dessine ta scène préférée à partir de cette partie de la Torah.

Yah a demandé à Balaam de...

....

....

Cette partie de la Torah m'enseigne...

....

....

Pinhas

Lis Nombres 25:10-30:1. Rédige un résumé de cette partie de la Torah.

....

....

....

1. Quelle alliance Yah a-t-il établie avec Phinées ?

....

....

2. Pourquoi Yah n'a-t-il pas laissé Moïse entrer en Terre promise ?

....

....

3. Qui Yah a-t-il oint comme chef après Moïse ?

....

....

Dessine ta scène préférée à partir de cette partie de la Torah.

Lors de quelles fêtes apportons-nous des offrandes devant Yah ?

....

....

Cette partie de la Torah m'enseigne…

....

....

Matot

Lis Nombres 30:2-32:42. Rédige un résumé de cette partie de la Torah.

....

....

....

1. Qui étaient les cinq rois de Madian ?
....
....

2. Qui a mené la bataille contre les Madianites ?
....
....

3. Combien d'ânes ont été enlevés aux Madianites ?
....
....

Dessine ta scène préférée à partir de cette partie de la Torah.

Yah a demandé à Phinées de...	Cette partie de la Torah m'enseigne...
....	....
....	....

Massei

Lis Nombres 33:1-36:13. Rédige un résumé de cette partie de la Torah.

....

....

....

1. Qui a conduit les Israélites hors d'Égypte ?

....

....

2. Qu'est-ce que les Israélites ont trouvé à Elim ?

....

....

3. Quelle est la peine pour meurtre ?

....

....

Dessine ta scène préférée à partir de cette partie de la Torah.

Yah a établi des villes de refuge parce que…	Cette partie de la Torah m'enseigne…
....	....
....	....

Devarim

Lis Deutéronome 1:1-3:22. Rédige un résumé de cette partie de la Torah.

....

....

....

1. Pourquoi les Israélites ont-ils eu peur d'entrer en Terre promise ?

....

....

2. Combien d'années les Israélites ont-ils vécu en pleine nature ?

....

....

3. Quelle était la taille du lit du roi Og ?

....

....

Dessine ta scène préférée à partir de cette partie de la Torah.

Un Israélite est quelqu'un qui...	Cette partie de la Torah m'enseigne...
....	....
....	....

www.biblepathwayadventures.com
Portion hebdomadaire de la Torah: Cahier d'activités

Vaet'hanane

Lis Deutéronome 3:23-7:11. Rédige un résumé de cette partie de la Torah.

....

....

....

1. Sur quoi Yah a-t-il écrit les Dix Commandements ?

....

....

2. Pourquoi Yah a-t-il permis aux Israélites d'entendre Sa voix dans le ciel ?

....

....

3. Quelles sont les sept peuples que les Israélites ont vaincus ?

....

....

Dessine ta scène préférée à partir de cette partie de la Torah.

Yah a demandé à Moïse d'enseigner...

....

....

Cette partie de la Torah m'enseigne...

....

....

Eikev

Lis Deutéronome 7:12-11:25. Rédige un résumé de cette partie de la Torah.

....

....

....

1. Avec quoi Yah a-t-il nourri les Israélites en pleine nature ?

....

....

2. Qu'a fait Moïse au Veau d'or ?

....

....

3. Que se passera-t-il si les Israélites adorent d'autres dieux ?

....

....

Dessine ta scène préférée à partir de cette partie de la Torah.

Les Israélites ont vécu en pleine nature pendant quarante ans, donc...	Cette partie de la Torah m'enseigne...

Réeh

Lis Deutéronome 11:26-16:17. Rédige un résumé de cette partie de la Torah.

....

....

....

1. Qu'est-ce que Yah a mis devant les Israélites ?

....

....

2. Qu'est-ce qu'il ne faut pas faire bouillir dans le lait de sa mère ?

....

....

3. Combien de temps dure la fête de Soukkoth ?

....

....

Dessine ta scène préférée à partir de cette partie de la Torah.

J'organise la fête de Soukkoth en...	Cette partie de la Torah m'enseigne...
....	....
....	....

Choftim

Lis Deutéronome 16:18-21:9. Rédige un résumé de cette partie de la Torah.

....

....

....

1. Qu'est-ce que les juges ne doivent pas accepter ?

....

....

2. Quelles sont les quatre choses qu'un roi ne doit pas acquérir ?

....

....

3. Qu'est-ce qu'une abomination faite à Yah ?

....

....

Dessine ta scène préférée à partir de cette partie de la Torah.

Je dois éviter l'occulte parce que...	Cette partie de la Torah m'enseigne...
....	....
....	....

Ki Tetsé

Lis Deutéronome 21:10-25:19. Rédige un résumé de cette partie de la Torah.

....

....

....

1. Qu'arrivera-t-il à un fils rebelle ?
....
....

2. Combien de temps un jeune époux peut-il passer avec sa femme à la maison ?
....
....

3. Quel jour doit-on payer un travailleur embauché ?
....
....

Dessine ta scène préférée à partir de cette partie de la Torah.

Je traite les gens avec respect en...

Cette partie de la Torah m'enseigne...

Ki Tavo

Lis Deutéronome 26:1-29:8. Rédige un résumé de cette partie de la Torah.

....

....

....

1. Quelle est l'année de la dîme ?

....

....

2. Que se passera-t-il si les Israélites obéissent aux commandements de Yah ?

....

....

3. Où Yah a-t-il fait alliance avec les Israélites ?

....

....

Dessine ta scène préférée à partir de cette partie de la Torah.

Yah a demandé à Moïse de...

....

....

Cette partie de la Torah m'enseigne...

....

....

Nitsavim

Lis Deutéronome 29:9-30:20. Rédige un résumé de cette partie de la Torah.

....

....

....

1. Avec qui Yah a-t-il fait alliance ?

....

....

2. Quelles villes Yah a-t-il renversées ?

....

....

3. Que se passera-t-il si nous servons d'autres dieux ?

....

....

Dessine ta scène préférée à partir de cette partie de la Torah.

Si nous obéissons à Ses instructions, Yah promet de...

Cette partie de la Torah m'enseigne...

Vayelekh

Lis Deutéronome 31:1-30. Rédige un résumé de cette partie de la Torah.

....

....

....

1. Quel âge avait Moïse quand il parla aux Israélites ?

....

....

2. Qu'est-ce qu'on lira aux Israélites à Soukkoth ?

....

....

3. Qu'est-ce que Moïse a dit aux Lévites de mettre près de l'Arche ?

....

....

Dessine ta scène préférée à partir de cette partie de la Torah.

Yah a demandé aux Lévites de…	Cette partie de la Torah m'enseigne…
....	....
....	....

Haazinou

Lis Deutéronome 32:1-52. Rédige un résumé de cette partie de la Torah.

....

....

....

1. Comment les Israélites ont-ils mis Yah en colère ?

....

....

2. Sur quelle montagne Aaron est-il mort ?

....

....

3. Quelle ville est mentionnée au verset 49 ?

....

....

Dessine ta scène préférée à partir de cette partie de la Torah.

Je peux faire plaisir à Yah en…	Cette partie de la Torah m'enseigne…

Vézot Habérakha

Lis Deutéronome 33:1-34:12. Rédige un résumé de cette partie de la Torah.

....

....

....

1. D'où Yah a-t-il brillé ?

....

....

2. Qui s'accroupit comme un lion ?

....

....

3. Quel âge avait Moïse quand il est mort ?

....

....

Dessine ta scène préférée à partir de cette partie de la Torah.

Obéir à la Torah de Yah est important parce que…	Cette partie de la Torah m'enseigne…

Guide d'étude hebdomadaire de la Torah Béréchit

Avec lecture des prophètes et des apôtres

Parasha	Lecture de la Torah	Lecture des prophètes	Lecture des apôtres
Béréchit	Genèse 1:1-6:8	Isaïe 42:5-43:10	Jean 1:1-18
			Romains 5:12-21
			Matthieu 19:4-6
Noa'h	Genèse 6:9-11:32	Isaïe 54:1-55:5	Matthieu 24:36-44
			1 Pierre 3:18-22
Lekh Lekha	Genèse 12:1-17:27	Isaïe 40:27-41:16	Hébreux 7:1-22
			Romains 4:1-25
			Actes 7:1-8
Vayéra	Genèse 18:1-22:24	2 Rois 4:1-37	Galates 4:21-31
			Jacques 2:14-24
			Hébreux 11:13-19
Hayé Sarah	Genèse 23:1-25:18	1 Rois 1:1-31	1 Pierre 3:1-7
			1 Corinthiens 15:50-57
			Hébreux 11:11-16
Tolodot	Genèse 25:19-28:9	Malachie 1:1-2:7	Romains 9:6-16
			Hébreux 11:20 & 12:14-17
Vayetsé	Genèse 28:10-32:3	Osée 12:12-14:9	Marc 1:16-20
			Jean 1:43-51
			Hébreux 8:6-8
Vayichla'h	Genèse 32:3-36:43	Osée 11:7-12:12	Matthieu 26:36-46
			Révélation 7:1-14
			1 Corinthiens 5:1-13
Vayéchev	Genèse 37:1-40:23	Amos 2:6-3:8	Actes 7:9-16
Mikets	Genèse 41:1-44:17	1 Rois 3:15-4:1	Matthieu 7:2
			Actes 7:9-16
Vayigach	Genèse 44:18-47:27	Ézéchiel 37:15-28	Romains 9:1-19
			Romains 11:13-24
			Éphésiens 2:11-22
			Matthieu 10:1-7, 34
Vayé'hi	Genèse 47:28-50:26	1 Rois 2:1-12	1 Pierre 2:4-10
			Luc 1:23-33
			Hébreux 11:21-22

Guide d'étude hebdomadaire de la Torah Chémot

Avec lecture des prophètes et des apôtres

Parasha	Lecture de la Torah	Lecture des prophètes	Lecture des apôtres
Chémot	Exode 1:1-6:1	Isaïe 27:6–28:13; 29:22-23	Hébreux 11:23-27
			Actes 7:17-35
			Luc 20:37
Vaéra	Exode 6:2-9:35	Ézéchiel 28:25–29:21	Romains 9:14–17
			Actes 7:7,17–35
			1 Corinthiens 3:11–15
Bo	Exode 10:1-13:16	Jérémie 46:13-28	Jean 19:1-37
			Actes 13:16-17
			2 Corinthiens 6:14-7:1
Béchala'h	Exode 13:17-17:16	Juges 4:4-5:31	1 Corinthiens 10:1-13
			Révélation 15:1-4
			Romains 9:15-23
Yitro	Exode 18:1-20:26	Isaïe 6:1-7:6, 9:6-7	Matthieu 19:16-30
			1 Timothée 3:1-3
			Jacques 2:8-13
Michpatim	Exode 21:1-24:18	Jérémie 34:8-22, 33:25-26	Jacques 3:2-12
			Matthieu 5:38-42
			Hébreux 12:25-29
Térouma	Exode 25:1-27:19	1 Rois 5:26-5:13	Hébreux 13:10-12
			Matthieu 5:14-16
			Hébreux 10:19-22
Tetsavé	Exode 27:20-30:10	Ézéchiel 43:10-27	Hébreux 5:1-10
			Hébreux 13:10-17
			Romains 12:1
Ki Tissa	Exode 30:11-34:35	1 Rois 18:1-39	1 Corinthiens 12:1-31
			Actes 7:39-42
			Hébreux 3:1-6
Vayakhel	Exode 35:1-38:20	1 Rois 7:13-26, 40-50	Hébreux 9:1-28
			2 Corinthiens 9:1-15
			Hébreux 10:26-31
Pekoudei	Exode 38:21-40:38	1 Rois 7:51-8:21	1 Corinthiens 3:1-17
			Hébreux 5:1-11
			Hébreux 7:1-8:6

Guide d'étude hebdomadaire de la Torah Vayikra

Avec lecture des prophètes et des apôtres

Parasha	Lecture de la Torah	Lecture des prophètes	Lecture des apôtres
Vayikra	Lévitique 1:1-5:26	Isaïe 43:21-44:23	Romains 8:1-13
			Hébreux 9:11-28
			Hébreux 10:1-22
Tzav	Lévitique 6:1-8:36	Jérémie 7:21-8:3,	Éphésiens 6:10-18
		Jérémie 9:22(23)-23(24)	2 Corinthiens 6:14-7:1
			Hébreux 10:1-39
Chemini	Lévitique 9:1-11:47	2 Samuel 6:1-7:17	Actes 5:1-11
			1 Timothée 3:1-13
			1 Pierre 1:14-16
Tazria	Lévitique 12:1-13:59	2 Rois 4:42-5:19	Luc 2:22-24
			Marc 1:40-45
			Jacques 3:1-12
Metsora	Lévitique 14:1-15:33	2 Rois 7:3-20	Matthieu 9:20-26
			Romains 6:19-23
			1 Pierre 1:15-16
A'harei	Lévitique 16:1-18:30	Ézéchiel 22:1-19	Hébreux 7:11-10:22
			Matthieu 27:5
			Éphésiens 1:5-7
Kedochim	Lévitique 19:1-20:27	Amos 9:7-15	Éphésiens 6:1-3
		Ézéchiel 20:2-20	Éphésiens 4:24-32
			Matthieu 5:43-48
Emor	Lévitique 21:1-24:23	Ézéchiel 44:15-31	1 Pierre 1:13-17
			Matthieu 5:38-42
			Jacques 2:1-9
Behar	Lévitique 25:1-26:2	Jérémie 32:6-27	1 Corinthiens 7:21-24
			Galates 6:7-10
			Luc 4:16-21
Be'houkotaï	Lévitique 26:3-27:34	Jérémie 16:19-17:14	Matthieu 7:21-27
			Colossiens 3:1-10
			Jean 14:15-2

Guide d'étude hebdomadaire de la Torah Bamidbar

Avec lecture des prophètes et des apôtres

Parasha	Lecture de la Torah	Lecture des prophètes	Lecture des apôtres
Bamidbar	Nombres 1:1-4:20	Osée 1:10(2:1)-20(22)	Révélation 7:1-8
			Révélation 4:1-11
			Tite 1:5-9
Nasso	Nombres 4:21-7:89	Juges 13:2-25	Marc 1:40-45
			Actes 21:17-26
			Jean 8:1-11
Béhaalotekha	Nombres 8:1-12:16	Zacharie 2:10 (14)-4:7	Hébreux 4:14-5:10
			Hébreux 7:1-28
			1 Corinthiens 10:10
Chela'h	Nombres 13:1-15:41	Josué 2:1-24	Hébreux 3:7-19
			Éphésiens 2:11-19
			Galates 3:28-29
Kora'h	Nombres 16:1-18:32	1 Samuel 11:14-12:22	Jude 1-25
			Jean 15:1-7
			1 Timothée 5:17-18
Houkat	Nombres 19:1-22:1	Juges 11:1-33	Jean 3:9-21
			Hébreux 9:11-22
			1 Corinthiens 15:55-57
Balak	Nombres 22:2-25:9	Michée 5:6-6:8	2 Pierre 2:1-22
			Jude 11
			Révélation 2:14-15
Pinhas	Nombres 25:10-30:1	1 Rois 18:46-19:21	1 Timothée 3:2-7
			2 Pierre 2:14-22
			Romains 12:1
Matot	Nombres 30:2-32:42	Jérémie 1:1-2:3	Matthäus 5:33-37
			Éphésiens 5:21-33
Massei	Nombres 33:1-36:13	Jérémie 2:4-28 & 3:4	Éphésiens 6:10-18
			Jacques 4:1-12
			2 Corinthiens 10:3-6

Guide d'étude hebdomadaire de la Torah Devarim

Avec lecture des prophètes et des apôtres

Parasha	Lecture de la Torah	Lecture des prophètes	Lecture des apôtres
Devarim	Deutéronome 1:1-3:22	Isaïe 1:1-27	Jacques 2:1-9
			Actes 7:38-45
			Hébreux 3:7-4:11
Vaet'hanane	Deutéronome 3:23-7:11	Isaïe 40:1-26	Romains 1:18-25
			Marc 12:28-34
			1 Corinthiens 6:19-20
Eikev	Deutéronome 7:12-11:25	Isaïe 49:14-51:3	Hébreux 12:5-11
			Romains 8:31-39
			1 Jean 2:3-5
Réeh	Deutéronome 11:26-16:17	Isaïe 44:11-45:5	1 Corinthiens 5:9-13
			2 Pierre 2:1-22
			Hébreux 4:1-10
Choftim	Deutéronome 16:18-21:9	Isaïe 51:12-53:12	Hébreux 10:28-31
			1 Timothée 5:17-22
			Actes 7:35-53
Ki Tetsé	Deutéronome 21:10-25:19	Isaïe 54:1-10	Luc 10:29-37
			1 Corinthiens 11:2-15
			Marc 10:2-12
Ki Tavo	Deutéronome 26:1-29:8	Isaïe 60:1-22	Romains 2:6-11
			Luc 21:1-4
			1 Jean 2:3-6
Nitsavim	Deutéronome 29:9-30:20	Isaïe 61:10-63:9	Romains 10:6-8
			Jean 10:1-5
			Hébreux 8:7-12
Vayelekh	Deutéronome 31:1-30	Isaïe 55:6-56:8	Hébreux 13:5
			Romains 8:31, 37
			Hébreux 8:7-12
Haazinou	Deutéronome 32:1-52	2 Samuel 22:1-51	Romains 9:24-29
			Révélation 3:14-21
			Matthieu 10:5-6
Vézot Habérakha	Deutéronome 33:1-34:12	Josué 1:1-18	Actes 3:22-23
			Hébreux 3:5
			Actes 7:17-44

Corrigé

Béréchit
1. Le sixième jour
2. Adam
3. 600 ans

Noa'h
1. Sept
2. Un arc-en-ciel
3. Jusqu'aux cieux

Lekh-Lekha
1. Parce que Sarah vivait dans la maison de Pharaon
2. Il s'est battu pour sauver Lot
3. Un fils nommé Isaac

Vayéra
1. Sarah
2. Le feu et le soufre du ciel
3. Pour offrir Isaac en holocauste

Hayé Sarah
1. Dans la grotte du champ de Machpelah
2. Une bague en or, deux bracelets, des bijoux en or et en argent et des vêtements
3. Isaac, fils d'Abraham

Tolodot
1. Jacob et Ésaü
2. Parce qu'Isaac était très riche - il avait beaucoup de serviteurs et de troupeaux d'animaux
3. Car il avait peur qu'Ésaü le tue

Vayetsé
1. Les anges de Yah
2. Sept ans + sept ans
3. Dans la selle du chameau

Vayichla'h
1. Quatre cents hommes
2. Yah a dit à Jacob : « Car tu as lutté avec Dieu et avec les hommes, et tu as triomphé. »
3. Car les Hébreux avaient trop de biens pour s'établir ensemble. La terre ne pouvait pas tous les nourrir, à cause de tout leur bétail

Vayéchev
1. Potifar
2. De l'échanson et du boulanger
3. Le pharaon

Mikets
1. Gouverneur d'Égypte (Genèse 42:6)
2. Pour acheter du grain
3. Une coupe en argent

Vayigach
1. La meilleure terre d'Égypte
2. La terre de Gosen
3. De la nourriture

Vayé'hi
1. Manassé
2. Issacar
3. Soixante-dix jours

Chémot
1. De tuer les bébés garçons hébreux et laisser les bébés filles vivre
2. La terre de Madian
3. Il a fait ramasser la paille aux Hébreux pour en faire des briques

Vaéra
1. Avec Abraham, Isaac et Jacob
2. Le bétail des Égyptiens
3. Sur la terre de Gosen

Bo
1. Abib
2. Pour toujours
3. La mort du premier-né

Béchala'h
1. Ceux de Joseph
2. Par un vent fort
3. Il dit à Moïse de frapper le rocher avec son bâton, et l'eau jaillit

Yitro
1. Il était le beau-père de Moïse
2. Sur le mont Sinaï
3. Le Sabbat

Michpatim
1. La laisser reposer et ne pas y planter de cultures
2. La Pain sans levain
3. Celle du Pain sans levain (Matzah), de la moisson (Shavouot) et des Tabernacles (Soukkoth)

Térouma
1. Du bois d'acacia
2. Le témoignage (les tablettes de pierre où sont inscrits les commandements)
3. L'or

Tetsavé
1. Aaron, Nadab et Abihu
2. Douze pierres
3. Bleu

Ki Tissa
1. Un veau
2. Il l'a fait fondre dans le feu et l'a broyé en poussière
3. Il les a forcés à boire de la poussière d'or

Vayakhel
1. Des artisans qualifiés
2. Sept branches
3. L'argent

Pekoudei
1. Vingt-neuf talents et 730 shekels
2. À l'entrée du Tabernacle
3. La nuée de Yah était au-dessus du tabernacle le jour et était en feu la nuit

Vayikra
1. Ils l'ont apporté à un prêtre, à l'entrée du Tabernacle
2. Des tourterelles ou des pigeons
3. Un taureau

Tsav
1. Le prêtre qui l'offre
2. À l'entrée du Tabernacle
3. L'Urim et le Thummim

Chemini
1. Nadab et Abihu
2. Un feu non autorisé qu'Il ne leur avait pas ordonné
3. Ils furent consumés par le feu

Tazria
1. Le prêtre
2. Des vêtements déchirés
3. À l'extérieur du camp

Metsora
1. Il lava ses vêtements, rasa tous ses cheveux et se baigna dans l'eau
2. Dans le camp, mais à l'extérieur de sa tente
3. Deux agneaux mâles sans taches, une jeune brebis sans taches et une offrande de grain

A'harei
1. Les vêtements du grand Prêtre (manteau de lin sacré, sous-vêtements de lin, ceinture de lin et turban de lin)
2. Du sang de taureau
3. Celles des Égyptiens et des Cananéens

Kedochim
1. De faux dieux
2. Faire des coupures sur notre corps pour les morts ou nous tatouer nous-mêmes
3. Les personnes âgées

Emor
1. Shavouot (Pentecôte)
2. Le premier jour du septième mois
3. Dans des sukkahs (abris temporaires)

Behar
1. Un jubilé
2. Le soutenir comme s'il s'agissait d'un étranger et d'un visiteur, ne pas s'intéresser à lui, ne tirer aucun profit de lui, ne pas lui prêter d'argent avec intérêts et ne pas lui donner de nourriture pour le profit
3. Les Israélites

Be'houkotaï
1. Jusqu'au moment des semailles
2. Parmi les nations
3. Cinquante shekels d'argent

Bamidbar
1. Faire un recensement de toute la congrégation d'Israël
2. Aux Lévites
3. Nadab, Abihu, Éléazar et Ithamar

Nasso
1. Pendant tous les jours de son vœu de séparation
2. Un agneau mâle d'un an sans taches, une brebis d'un an sans taches et un panier de pain sans levain.
3. À l'entrée du tabernacle

Béhaalotekha
1. Sept lampes
2. Vingt-cinq ans
3. Parce que les Israélites se sont plaints

Chela'h
1. Douze hommes - un de chaque tribu d'Israël
2. Les descendants d'Anak (les Néphilims)
3. Quarante jours

Kora'h
1. Celle de Moïse et d'Aaron
2. La terre a englouti les hommes et leurs familles
3. Une épidémie

Houkat
1. À Cadès
2. L'eau s'est déversée de la roche
3. Parce que les Israélites ne cessaient de se plaindre

Balak
1. Pour maudire les Israélites
2. Un âne
3. Balaam les a bénis trois fois

Pinhas
1. L'Alliance de paix
2. Parce que Moïse n'a pas soutenu Yah comme saint, aux eaux de Meribah
3. Josué

Matot
1. Evi, Rekem, Zur, Hur et Reva
2. Phinées
3. 61 000 ânes

Massei
1. Moïse et Aaron
2. Douze sources et soixante-dix palmiers
3. La mort

Devarim
1. Parce que les villes et le peuple étaient plus grands que les Israélites, et que les fils d'Anakim y habitaient
2. Quarante ans
3. Neuf coudées de long et quatre de large

Vaet'hanane
1. Sur deux tablettes de pierre
2. Afin qu'Il puisse discipliner les Israélites
3. Les Hittites, les Girgashites, les Amorites, les Cananéens, les Phéréziens, les Hivvites et les Jébusiens

Eikev
1. De la manne et des cailles
2. Il l'a brûlé, l'a écrasé, l'a broyé jusqu'à ce qu'il soit comme de la poussière fine, et il a jeté la poussière dans le ruisseau
3. Les Israélites périront

Réeh
1. Une bénédiction et une malédiction
2. Une jeune chèvre
3. Sept jours

Choftim
1. Des pots-de-vin
2. Beaucoup de chevaux, de femmes et énormément d'argent et d'or
3. De la sorcellerie et de la divination (l'occulte)

Ki Tetsé
1. Il sera lapidé à mort par les hommes de la ville
2. Un an
3. Le même jour où il a travaillé, avant le coucher du soleil

Ki Tavo
1. La troisième année
2. Ils seront bénis et placés bien au-dessus des nations
3. Au mont Horeb

Nitsavim
1. Avec le peuple d'Israël
2. Sodome et Gomorrhe, Adma et Zeboiim
3. Nous périrons et ne vivrons pas longtemps dans le pays

Vayelekh
1. Il avait 120 ans
2. La Torah
3. Le livre de la Loi

Haazinou
1. En vénérant d'autres dieux
2. Nebo
3. Jéricho

Vézot Habérakha
1. Du mont Paran
2. Gad
3. Moïse avait 120 ans

Découvrez d'autres cahiers d'activités !

Disponibles à l'achat sur www.biblepathwayadventures.com

TÉLÉCHARGEMENT IMMÉDIAT !

Apprendre l'hébreu : le cahier d'activités alphabétiques
The Fall Feasts
The Spring Feasts
Cahier d'activités « Purs et impurs » pour les débutants
Bereshit / Genesis
Moses Ten Plagues
Birth of The King
Bible Miracles

www.ingramcontent.com/pod-product-compliance
Lightning Source LLC
Chambersburg PA
CBHW081158070526
44583CB00021B/2899